Rosette Poletti & Barbara Dobbs

La gratitude

Savoir et oser l'exprimer

Illustrations de
Barbara Dobbs

jouvence
EDITIONS

Des mêmes auteurs aux Éditions Jouvence

Comment se dire adieu…, 2009
Petites fleurs du cœur pour grandir au fil des jours, 2009
Petit cahier d'exercices du lâcher-prise, 2008
Petit cahier d'exercices d'estime de soi, 2008
Se désencombrer de l'inutile, 2008
Plénitudes, 2007
Ressources, 2006
Accepter ce qui est, 2005
La voix du cœur, 2004
La compassion pour seul bagage, 2004
Prendre soin de soi pour prendre soin de l'autre, 2003

Catalogue gratuit sur simple demande

ÉDITIONS JOUVENCE
France : BP 90107 – 74161 St Julien en Genevois Cedex
Suissse : CP184 – 1233 Bernex/Genève
Mail : info@editions-jouvence.com
Site : **www.editions-jouvence.com**

ISBN 978-2-88353-778-1

Couverture : Éditions Jouvence
Dessin de couverture : Jean Augagneur
Mise en page : Éditions Jouvence, Caroline Delavault
Dessins intérieurs : Barbara Dobbs.

Sommaire

Introduction 5

I. Qu'est-ce que la gratitude ? 7
II. La gratitude dans les religions
et la spiritualité 11
III. Qu'est-ce qui rend la gratitude
si importante ? 21
IV. La gratitude dans les relations
humaines. 31
V. Les obstacles à l'attitude de gratitude. 37
VI. Pratiquer la gratitude 49
VII. La bénédiction pour aller
vers la gratitude. 73
VIII. Le questionnaire de gratitude 83

Conclusion 87
Annexe : « Le simple art de bénir »
par Pierre Pradervand 89
Bibliographie. 93

Introduction

Il y a bien longtemps, lorsque je fréquentais l'école enfantine, nous répétions tous les jours une petite chanson qui fait partie de mes premiers apprentissages et dont les paroles sont gravées au fond de ma mémoire :

> *« Il est un mot qu'on oublie, c'est* MERCI
> *Pour tous les biens de la vie*
> *Que Dieu donne et multiplie,*
> *Pour le beau temps, pour la pluie,*
> *Dis* MERCI. »

Avec entrain, nous répétions ces paroles et je suis sûre qu'elles m'ont influencée comme d'autres de mes petits camarades. J'imagine que cela correspondait aux valeurs tenues pour importantes par notre institutrice. Elle ne savait rien des recherches scientifiques concernant la psychologie positive, elle ne savait pas que la gratitude pouvait avoir une influence sur la santé. Elle avait tout simplement compris qu'un enfant qui sait dire « merci », qui sait adresser ce « merci » à ceux qui l'entourent et à Dieu, était dans le « bon chemin ».

Plus tard, au cours de ma vie, la gratitude a toujours été à mes yeux une qualité importante et j'ai tenté de la manifester dans mon attitude et de la promouvoir auprès de ceux à qui j'enseignais.

Ces dernières années, des recherches ont été menées par les scientifiques qui se réclament de la psychologie positive. Parmi eux, il y a Tal Ben-Shahar dont l'ouvrage *L'apprentissage du bonheur*[1] apporte des clés passionnantes pour vivre plus pleinement.

Tal Ben-Shahar a étudié les éléments qui permettent d'augmenter son niveau de bonheur et il a mis en évidence l'importance de la gratitude comme facteur de santé physique et mentale et comme élément du bonheur.

C'est pourquoi, à travers ce petit ouvrage, Barbara Dobbs et moi-même, nous désirons présenter quelques aspects de la gratitude et, par des exemples de situations et la proposition de moyens concrets, vous inviter à donner une place de choix dans votre vie à la gratitude.

---

[1] Tal Ben-Sahar, *L'apprentissage du bonheur – Principes, préceptes et rituels pour être heureux*, Paris, Belfond, 2008.

I.
Qu'est-ce que la gratitude ?

« La vie est un cadeau
Et ce que vous en faites
Est votre affaire.
Soyez reconnaissant
Pour ce cadeau
Et utilisez-le pour votre bien
Et celui des autres humains. »

Karen M. Haughey

« La gratitude est une forme de reconnaissance à l'égard d'une personne vis-à vis de laquelle on se sent obligé. » C'est la définition qu'en donne une psychologue canadienne, Michelle Larivey. Pour elle, « être reconnaissant, c'est reconnaître que l'on est redevable à un tiers qui nous a procuré un bienfait ».

La reconnaissance est tout d'abord une démarche intellectuelle, une sorte d'évaluation qui amène le plus souvent à ressentir de l'affection.

Pour le théologien John Piper, la gratitude est une expression de joie qui jaillit de nos cœurs en réponse à la bonne volonté de quelqu'un qui nous a fait une faveur.

Robert Emmons, l'autorité incontestée pour tout ce qui a trait aux recherches sur la gratitude écrit :

> *« La gratitude est tout d'abord une constatation du bien dans notre vie, elle est aussi une reconnaissance du fait que la source de ce bienfait se trouve, au moins en partie, en dehors de nous-mêmes. »*[2]

Lorsqu'on dit : « Je suis reconnaissant », on dit trois choses complémentaires :

- Je reconnais (intellectuellement).
- Je prends acte, j'accepte.
- J'apprécie (émotionnellement).

La gratitude comprend ces trois aspects.

De nombreux chercheurs et savants ont tenté de définir la gratitude. Le sociologue Georg Simmel[3] explique que, dans notre société, les rapports interpersonnels sont régis par des codes précis. Si je m'engage à travailler pour un employeur, le nombre d'heures que je vais passer au travail sera stipulé, ainsi que mon salaire et mes avantages

---

[2] Robert Emmons, *Merci ! – Quand la gratitude change nos vies*, Paris, Belfond, 2008, p. 21-22.

[3] Georg Simmel, *La parure et autres essais*, Paris, Maison des Sciences de l'Homme, 1998.

en tous genres : vacances, jours fériés, retraite… tout cela sera décidé à l'avance. Il y aura réciprocité entre ce que je donne et ce que je reçois. De même, si j'achète un bien, un contrat précis me liera au vendeur qui devra me livrer ce qu'il m'a promis et pour lequel j'ai payé un prix convenu. Des lois diverses protègent les transactions qui ont lieu. Mon employeur ne s'attend pas à une lettre de remerciements chaque fois qu'il me verse mon salaire. Je peux éprouver un sentiment de gratitude à son égard, mais ce ne sera pas uniquement pour le salaire perçu, mais plus pour son soutien ou pour quelque chose qui vient en plus de ce qui est juridiquement prévu.

Ainsi, la gratitude est présente lorsqu'il n'y a pas de lien de droit. Elle tisse une réciprocité entre les êtres et instaure un équilibre entre ce qui est pris et ce qui est rendu. Pour ce sociologue, la gratitude est le résidu subjectif de l'acte de recevoir comme de celui de donner, elle a une grande importance pour les êtres humains en contact les uns avec les autres. C'est une sorte de ciment qui permet la poursuite de la relation, qui peut la modifier ou l'intensifier.

Lorsque nous nous concentrons sur l'abondance, nous voyons l'abondance dans notre vie ; lorsque nous nous concentrons sur le manque, notre vie nous semble vide. En réalité, cela ne dépend que **de la direction de notre regard !**

Gratitude pour les fleurs des champs

II.
La gratitude dans les religions et la spiritualité

La gratitude a toujours été un élément important dans les différentes religions : les croyants sont reconnaissants envers leur Créateur et pleins de gratitude pour tout ce qu'il leur accorde : la louange de reconnaissance est l'un des éléments essentiels de toutes les célébrations religieuses.

La **Bible**, comme d'autres livres fondateurs de religions, insiste sur l'importance de la gratitude. Voici quelques exemples :

> *« Nous devons, à votre sujet, frères, rendre continuellement grâce à Dieu, comme cela est juste. »*
>
> II Thessaloniciens 1:3

> *« Dieu de mes pères, je te glorifie et je te [rend grâce] de ce que tu m'as donné la sagesse et la force. »*
>
> Daniel 2:23

« Jésus leva les yeux en haut et dit : Père, je te rends grâce de ce que tu m'as exaucé. »

Jean 11:41

« Il remit à des Lévites la charge de faire le service devant l'arche de l'Éternel, d'invoquer, de louer (rendre grâce) et de célébrer l'Éternel, Dieu d'Israël. »

I Chroniques 16:4

Dans le **christianisme**, l'attitude de gratitude envers Dieu, le Père céleste – source de toute bénédiction – est prônée dans toute la Bible et récapitulée dans le Psaume 100:2,4,5 :

« Servez l'Éternel avec joie, venez avec allégresse en sa présence ! Entrez dans ses portes avec des louanges [actions de grâce], dans ses parvis avec des cantiques. Célébrez-le, bénissez son nom ! Car l'Éternel est bon ; sa bonté dure toujours et sa fidélité de génération en génération. »

Dans le **judaïsme**, on peut lire :

« Remerciez et bénissez celui par qui le monde a été créé. »

Talmud, Soka 10b

Dans le **bouddhisme**, on trouve :

« L'homme de peu de valeur ne pratique pas la gratitude, il oublie les bienfaits qu'il

reçoit, mais la personne de valeur pratique la gratitude et se souvient des bienfaits qui lui sont accordés. »

Anguttara Nikaya :61

« La gratitude conduit à l'amour, non pas à l'amour demande, l'amour du chasseur pour le gibier. Ne confondez pas l'amour mendicité avec l'amour plénitude qui vient de la reconnaissance. »

Arno Desjardins

« Les quatre dettes de gratitude sont : la gratitude envers le père et la mère, envers tous les êtres vivants, envers celui qui règne sur le pays, ainsi qu'envers les trois trésors : le Bouddha, le Dharma [sens de l'existence] et la Sanga [communauté].

Nichiren (Won Bouddhisme, 1262)

Dans **l'islam**, il est dit :

« Nourrissez-vous des bonnes choses qui vous ont été prodiguées et manifestez de la gratitude envers Dieu. »

Coran 2.172

La **sagesse africaine** encourage aussi la gratitude :

« Celui qui reçoit de la bonté de la part des autres et qui n'exprime aucune gratitude

est pire qu'un voleur qui emporte nos possessions. »

Proverbe yoruba (Nigéria)

Dans l'**hindouisme**, on peut lire :

« Lorsqu'un homme vient au monde, qui qu'il soit, naît avec lui une dette envers les dieux, les sages, les ancêtres et les autres humains. »

Sopatha Brahmana, 1.7.2(1)

D'autres religions et approches spirituelles soulignent également l'importance de la gratitude.

Le grand théologien **protestant** exécuté par Hitler, Dietrich Bonhoeffer[4] écrivait :

« Nous recevons bien plus que nous ne donnons et seule la gratitude permet d'enrichir l'existence mais, dans notre quotidien, nous ne saisissons guère cette réalité ! »

Quant au **philosophe** Épictète, il écrivait :

« Sage est celui qui ne s'afflige pas de ce qu'il ne possède pas, mais se réjouit de ce qu'il possède. »

---

[4] Dietrich Bonhoeffer, *The Way to Freedom*, New York, Harper and Row, 1966.

Dans la **religion baha'ie**, on raconte des contes mettant en valeur la gratitude. Shoghi Ghadimi[5] a écrit celui qui suit :

> « Se promenant un jour dans son jardin, un roi aperçoit un jardinier âgé de plus de 80 ans occupé à planter des arbres.
>
> – Qu'est-ce que tu fais-là ? demande le roi.
>
> – Je plante des dattiers, répond le vieux jardinier.
>
> – Combien de temps mettront-ils pour donner des fruits ?
>
> – Vingt ans, répond le vieillard.
>
> – Mais tu ne vivras pas jusque-là pour en cueillir les fruits, pourquoi alors plantes-tu ces arbres ?
>
> – Mes prédécesseurs ont planté des dattiers dont j'ai mangé les fruits et, moi, je plante ces dattiers pour que ceux qui viennent après moi en profitent.
>
> Cette réponse plaît au roi. Il lui donne une pièce d'or. Le jardinier s'agenouille et remercie le roi.
>
> – Pourquoi te mets-tu à genoux ?
>
> – Parce que, grâce à Votre Majesté, ces arbres ont déjà porté leurs fruits.

[5] www.bahai-biblio.org/centre-doc/ouvrage/courage-aimer/courage-aimer32.htm

Cette réponse plaît également au roi qui lui donne une autre pièce d'or. De nouveau, le jardinier s'agenouille en disant cette fois :

– Je m'agenouille pour exprimer ma gratitude à Votre Majesté car, d'habitude, les arbres ne portent leurs fruits qu'une fois par an. Grâce à Votre Majesté, ils ont porté leurs fruits deux fois.

Touché par ces paroles, le roi lui donne une troisième pièce d'or et lui demande son âge.

– 12 ans, Votre Majesté.

– Comment ça, 12 ans ?

– Durant le règne de votre prédécesseur, on était constamment en guerre et ce n'était pas une vie. Depuis douze ans que vous régnez, tout le monde est heureux. C'est donc avec votre règne que la vie a commencé pour moi.

Flatté par cette réponse, le roi lui remet une quatrième pièce d'or et dit :

– Maintenant, je dois te laisser car si je continue de t'écouter, il ne me restera plus rien. »

Ainsi, dans toutes les grandes religions, rendre grâce, exprimer sa gratitude à Dieu, cela représente un des éléments fondamentaux. Or, cette valeur centrale, la gratitude, est devenue une valeur laïque. Il est question de savoir remercier, dire sa reconnaissance. De grands personnages l'ont souligné.

« L'arithmétique la plus difficile à maîtriser, c'est celle qui nous permet de compter nos bénédictions. »

Eric Hoffer

« Parfois, notre propre lumière s'éteint et elle est rallumée par une étincelle provenant d'une autre personne. Chacun de nous peut se souvenir avec une profonde gratitude de ceux qui nous ont accordé ce privilège. »

Albert Schweitzer

« Dire merci, c'est plus que de pratiquer les bonnes manières, c'est pratiquer une bonne spiritualité. »

Alfred Painter

« Dieu vous a fait cadeau aujourd'hui de 86 400 secondes. En avez-vous utilisé une pour dire merci ? »

William A. Ward

« Personne n'est aussi capable de gratitude que celui qui a émergé du royaume des ténèbres. »

Élie Wiesel

« La gratitude est un vaccin, une antitoxine et un antiseptique. »

John Henry Jowett

Dans la **spiritualité non religieuse** contemporaine, la gratitude a aussi une place de choix. Pour Chuck Danes :

> *« La gratitude sincère est une force puissante qui ouvre les portes de l'abondance et du bonheur. »*

La gratitude donne le pouvoir de considérer les aspects positifs de la vie et développe chez ceux qui la pratiquent la capacité d'apprécier tous les bienfaits, si petits soient-ils, qui constituent cette expérience qui se nomme la vie.

L'attitude de gratitude peut faire la différence entre vivre pleinement les bienfaits qu'offre la vie et se priver de tout ce qui est à notre disposition.

Certains auteurs se réclamant de la spiritualité contemporaine non religieuse, comme Wallace Delois Wattles (1860-1911), l'un des premiers auteurs d'ouvrages de développement personnel dont le très connu *The Science of Getting Rich* et *The Science of Being Great*, suggèrent qu'il existe une loi, la loi de la gratitude. Elle représente le principe naturel qui veut que les actions et les réactions soient égales dans des directions opposées.

L'action de remercier est une force qui atteint son but et la réaction est un mouvement instantané qui revient vers celui qui exprime la gratitude. Pour Wallace Delois Wattles, la gratitude ne consiste pas seulement à rechercher de nouveaux bienfaits.

L'expression de la gratitude conduit celui qui l'exprime à pouvoir se concentrer sur ce qui est beau et bon, et à s'attendre à de bonnes choses.

Louise Hay, auteur de livres de spiritualité non religieuse, souligne que l'expression de la gratitude n'est pas une démarche facile pour de nombreuses personnes, car celles-ci ont appris à ne voir que ce qui leur manque et à ne ressentir que ce seul manque. Elles croient à la pénurie et se demandent pourquoi leur vie est si vide !

Pour Louise Hay, la gratitude fonctionne comme un levier de vitesse capable de modifier nos mécanismes mentaux, de l'obsession à la paix, de l'impuissance à la créativité et de la peur à l'amour.

Parfois, il est bien difficile d'exprimer de la gratitude. Cependant, au moment où on commence à le faire, le ressenti intérieur change et l'humeur aussi, comme l'exprime l'auteur Harville Hendricks :

> « *La première démarche à faire pour être encore plus aimé, c'est d'apprendre à apprécier l'amour qui m'entoure déjà. Exprimer de la gratitude permet de lâcher prise du sentiment de manque, car une chose est certaine, il est impossible d'être à la fois reconnaissant et malheureux.* »

Gratitude pour les fleurs

III.
Qu'est-ce qui rend la gratitude si importante ?

« La gratitude permet de faire sens du passé, d'apporter de la paix à aujourd'hui et de créer une vision claire pour demain. »
Melody Beattie

Depuis le fond des âges, la gratitude a été prônée, valorisée, enseignée et pratiquée. Pourtant, ce n'est que récemment que Robert Emmons et ses collaborateurs, chercheurs en psychologie positive dans une université américaine, ont apporté des éléments scientifiques permettant de comprendre le rôle de la gratitude dans la vie de ceux qui la pratiquent[6].

Avec la collaboration de son collègue Mike McCullough, Robert Emmons a observé les conséquences de la gratitude sur le bien-être psychologique et physique. Pour mener leurs recherches, ils ont divisé les participants en trois groupes : le groupe n° 1 était encouragé à ressentir

[6] Robert Emmons, Mike McCullough, 2003.

de la gratitude, le groupe n° 2 à se plaindre et le groupe n° 3 servait de groupe témoin.

Chacun tenait un journal hebdomadaire et décrivait brièvement cinq choses survenues dans la semaine lui inspirant de la gratitude pour le groupe n° 1, cinq difficultés vécues pour le groupe n° 2 et cinq événements survenus pour le groupe n° 3.

Cette expérience s'est déroulée sur dix semaines.

Au terme de l'expérience, les participants du groupe n° 1 avaient mentionné de très nombreuses circonstances comme :

- la générosité de leurs amis,
- un coucher de soleil,
- le fait d'être vivant par exemple.

Ceux du groupe n° 2 avaient identifié des tracas divers comme :

- le manque d'argent,
- le fait de payer les impôts,
- la difficulté de trouver une place de parking.

Tous les participants devaient aussi évaluer leur humeur et leur santé physique.

Au bout de ces dix semaines, les participants du groupe n° 1 (gratitude) se sentaient mieux dans leur vie, plus optimistes par rapport à l'avenir, que ceux des groupes n° 2 (tracas) et 3 (témoins). Ils relevaient moins de problèmes de santé que les autres participants.

Forts des résultats de cette première étude, les chercheurs en ont entrepris une autre et ont obtenu les mêmes résultats.

Lors de la troisième recherche, ils ont choisi les participants parmi des adultes atteints de maladies neuromusculaires. Ceux du groupe « gratitude » se sont révélés notablement plus positifs. Ils montraient plus de satisfaction dans leur vie, ils avaient réussi à gagner quelques heures de sommeil en plus chaque nuit, ils mettaient moins de temps pour s'endormir et étaient plus reposés au réveil.

La gratitude et la santé mentale

Diverses recherches ont démontré que la dépression était, dans une grande mesure, inversement reliée à la gratitude. En fait, plus une personne manifeste de la reconnaissance, de la gratitude, moins elle est déprimée. *A contrario*, une personne déprimée a tendance à être peu encline à la reconnaissance.

Robert Emmons écrit à ce propos :

> *« Comment la gratitude pourrait-elle empêcher la dépression ? Si elle procure une plus grande conscience des bienfaits et permet de mieux en jouir, cet élément positif semble chasser la dépression. Également dans la mesure où elle aide une personne à diriger son attention vers les choses les plus heureuses*

de sa vie et à la détourner de ce qui lui manque, cette orientation diminuera la probabilité de la dépression. »[7]

Il semble aussi que la gratitude amène la personne à porter son attention sur autre chose que sur elle-même, ce qui diminue le repli sur soi qui caractérise de nombreux dépressifs.

Voir ce qui est positif, ce pour quoi on peut être reconnaissant, cela permet de mettre en question la croyance erronée qui veut que le monde soit dénué d'amour et de compassion.

La gratitude et la santé du corps

La gratitude, comme toutes les autres émotions, agit sur le corps humain.

Il y a d'abord une cause extérieure.

Le fait de recevoir une lettre nous disant que nous avons obtenu l'emploi idéal pour lequel nous avions postulé est un élément déclencheur. Il y a ensuite la perception de cet événement qui détermine le sentiment subjectif. Notre cerveau traite cette information. Puis vient une réponse physiologique mesurable : de la chaleur, l'augmentation des pulsations cardiaques. Nos pensées changent

---

[7] Robert Emmons, *Merci !*, éd. citée, p. 71.

et, généralement, nous allons partager cette émotion avec d'autres, nous sourions et exprimons notre gratitude.

De nombreuses recherches ont été faites pour étudier la relation entre l'attitude de gratitude et la santé physique. Elles semblent démontrer que les personnes capables de reconnaître les bienfaits présents dans leur vie sont moins stressées et observent mieux les règles de santé proposées par leur médecin.

Il y aurait aussi un lien entre les émotions et la longévité. Les émotions négatives chroniques, certaines formes de dépression, le pessimisme raccourcissent la durée de la vie. Il a été démontré que les patients cancéreux pessimistes ne survivent pas aussi longtemps que ceux qui sont plus optimistes.

Il semble également que le découragement et le désespoir ont un impact négatif sur le système endocrinien et immunitaire.

Certaines recherches sont tout à fait passionnantes : en Californie, les chercheurs de l'Institut Heartmath ont mis au point un système pour faire naître en soi l'émotion positive de l'appréciation, un état similaire à celui de la gratitude. Ce système se nomme « l'ancrage du cœur ». Il semble que le rythme cardiaque associé à l'appréciation soit différent de celui obtenu par une simple détente et, bien sûr, de celui de la colère. Lorsque nous ressentons de la bienveillance, de l'amour, de l'appréciation et de la compassion, le rythme du cœur se régularise et la communication cœur-cerveau se fait mieux. Cela crée aussi un bénéfice sur le plan de l'immunité et de l'équilibre hormonal.

Chacun peut faire l'exercice tel qu'il est proposé par l'Institut Heartmath.

« Fermez les yeux et détendez-vous.

Dégagez votre attention de l'esprit, portez-la sur la région de votre cœur.

Si cela vous aide à vous concentrer, posez la main sur votre poitrine.

Visualisez votre souffle qui entre et sort par la région du cœur, respirez très lentement et profondément.

Maintenant, concentrez-vous afin d'engendrer un sentiment sincère d'affection pour quelqu'un que vous appréciez pleinement ou de contentement pour un élément positif de votre vie.

Essayez vraiment de ressentir cette appréciation – pas seulement d'y penser – et de maintenir sincèrement ces sentiments aussi longtemps que possible. »[8]

---

[8] M. Atkinson, R. McCraty, G. Rein, W.A. Tiller, A.D. Watkins, « The Effects of Emotions on Short-Term Power Spectrum Analysis of Heart Rate Variability, *American Journal of Cardiology*, n° 76, 1995.

Cet exercice peut être fait le soir avant de s'endormir ou le matin ou bien à n'importe quel moment de la journée lorsqu'on se sent stressé. Ses effets sont particulièrement positifs.

La gratitude et le ressenti de la douleur

Toute douleur est multidimensionnelle, c'est bien connu. Cela signifie que l'état psychologique, l'humeur agissent sur le ressenti de la douleur. Certaines personnes souffrant de douleurs chroniques sont capables de vivre une vie de qualité malgré leur mal-être. Au lieu de mesurer les pertes de leur mobilité, les limitations qui sont les leurs, elles se concentrent sur ce qui leur est encore possible de faire et se montrent reconnaissantes pour tous les aspects positifs de leur vie.

Certains spécialistes de la douleur postulent que les émotions positives entraînent une plus grande tolérance à la douleur. Peut-être stimulent-elles même la production de substances chimiques cérébrales antidouleur !

Les effets positifs de la gratitude sur la santé

Deborah Norville, auteur du livre *Thank you Power*[9], a répertorié tous les résultats positifs démontrés par les diverses recherches faites sur la gratitude. C'est une liste impressionnante ! Ceux qui ont participé aux différentes enquêtes et qui étaient consciemment reconnaissants, pleins de gratitude, ont manifesté les caractéristiques suivantes :

- Ils se sentaient mieux dans leur vie, en général.
- Ils étaient plus optimistes.
- Ils avaient plus d'énergie.
- Ils avaient plus d'enthousiasme.
- Ils s'intéressaient plus à ce qui les entourait.
- Ils étaient plus joyeux.
- Ils se sentaient plus à même de faire face aux défis de la vie.
- Ils faisaient plus d'exercice physique (une heure et demie de plus par semaine que les autres participants !).
- Ils étaient moins souvent malades.
- Ils dormaient mieux.

---

[9] Deborah Norville, *Thank you Power – Making the Science of Gratitude Work for You*, Nashville, Thomas Nelson ed., 2007.

- Ils progressaient vers la concrétisation de leurs buts personnels.
- Ils étaient plus disposés à aider les autres.
- Ils étaient perçus par leur entourage comme généreux.
- Ils enviaient moins les possessions des autres.
- Ils étaient plus créatifs et plus ouverts aux idées nouvelles.
- Ils manifestaient une meilleure résilience en situation difficile.
- Ils avaient de meilleures défenses immunitaires.
- Ils toléraient mieux le stress.
- Ils vivaient plus longtemps.
- Ils avaient des liens familiaux plus forts.
- Ils étaient plus spirituels.

Après avoir lu cette liste d'aspects positifs, qui ne voudrait pas partager tant d'avantages et devenir un adepte enthousiaste de la pratique de la gratitude ?

Le professeur Robert Emmons explique les raisons de la difficulté de changer d'attitude :

> *« Je pense que la gratitude est une qualité très exigeante, une qualité qui demande de la rigueur et du travail. C'est une discipline, un exercice constant et cela n'est pas facile pour la plupart des gens… Cela*

ne m'est pas venu facilement à moi non plus ! »[10]

Ainsi, la gratitude exige la capacité à prendre conscience des aspects positifs de la vie, celle de voir les bénédictions au lieu des malédictions. Choisir cette attitude n'a rien de facile. On peut bloquer cette capacité à vivre dans la gratitude lorsqu'on a choisi de se sentir victime des circonstances, lorsqu'on s'imagine capable de vivre uniquement par soi-même et pour soi-même, au lieu de s'accepter interdépendant et un parmi les autres.

Selon Albert Einstein, il y a deux manières de vivre sa vie :

> *« L'une, c'est de se dire qu'il n'y a pas de miracle. L'autre est de se dire que tout est un miracle ! »*

[10] D'après une interview téléphonique entre Robert Emmons et Deborah Norville le 17 octobre 2006.

IV.
La gratitude dans les relations humaines

« Pouvez-vous voir la grandeur de ce que vous prenez pour un dû – une route goudronnée ou une machine à laver ? Si vous vous concentrez sur ce qui est bon dans chaque situation, vous allez découvrir que votre vie est remplie de bénédictions et vous ressentirez de la gratitude, cette émotion qui nourrit l'âme. »

Rabbin Harold Kushner

L'attitude de gratitude est importante. On sait maintenant qu'elle agit sur le bien-être physique, mental et spirituel de la personne qui la pratique. On sait aussi qu'elle modifie les vibrations subtiles émises par la personne, mais ce n'est pas tout !

L'attitude de gratitude modifie également les relations entre les êtres humains. Lorsque nous sommes remplis de gratitude, nous manifestons non verbalement un sentiment de bonheur qui attire les autres vers nous. Ils veulent alors partager cette énergie particulière.

La gratitude nous aide aussi à accepter le monde pour ce qu'il est : imparfait, comme nous le sommes tous et tout est bien ainsi. Être dans une attitude de gratitude, c'est comme verser l'huile de la reconnaissance dans les rouages de la vie et des relations : ensuite, tout va mieux.

Une attitude amère, faite de ressentiment, agit au contraire comme un trou noir qui draine l'énergie de ceux qui sont autour.

La gratitude favorise la création de liens entre les personnes. Lorsque quelqu'un nous rend le plus petit service comme de nous tenir la porte pour que nous puissions passer et que nous lui disons sincèrement merci en retour, non pas d'une manière impersonnelle, mais avec une vraie chaleur humaine, quelque chose se produit, le cœur s'ouvre et un bref échange authentique se produit.

Ce qui nous manque le plus souvent, c'est la présence à l'instant. Et l'attention portée sur l'autre.

La gratitude favorise la générosité et, inversement, la générosité favorise la gratitude. Plus nous nous sentons reconnaissants, plus nous avons envie de donner et, bien sûr, plus nous donnons, plus nous recevons de l'amour, de l'amitié, un sentiment de bien-être et parfois aussi des biens matériels.

Lorsqu'on donne avec un cœur reconnaissant, on réalise qu'il y a tant à donner : une fleur, un mot gentil, une visite, une phrase appréciative. Comment se fait-il que l'on soit aussi avare de ces simples marques de gratitude ?

Une infirmière anesthésiste qui collaborait depuis dix années avec le même chirurgien avait remarqué qu'il ne lui avait jamais dit un seul mot de remerciement. Elle aurait tellement apprécié le moindre signe de gratitude venant de sa part ! Pourtant, il aimait travailler avec elle et demandait à ce qu'elle fasse partie de son équipe. Mais il n'arrivait pas pour autant à laisser sortir de sa bouche le moindre mot de remerciement.

Ce type de situation se retrouve fréquemment dans les couples, les familles et les entreprises.

Des gens vivent ensemble toute une vie sans parvenir à se dire qu'ils s'aiment ou qu'ils éprouvent de la gratitude envers l'autre. Ce n'est qu'à la mort de l'un d'eux qu'un regret lancinant se fait jour : « J'aurais tellement voulu lui dire merci pour tout ce qu'il a sacrifié afin que je puisse faire des études ! », s'est exclamé un homme d'une cinquantaine d'années alors que son père venait de décéder subitement. Pourquoi avait-il attendu si longtemps pour le dire ? Par manque d'attention ? Par fausse pudeur ? Lui seul le sait.

Ce sont certainement des situations de ce genre qui ont amené l'écrivain Tahar Ben Jelloun à faire dire à l'un des personnages de ses romans :

> *« Ce qui rend les morts si lourds dans leur cercueil, c'est tous les mots qu'ils n'ont pas dit ! »*

Et l'on pourrait ajouter : et tous les mots qu'on ne leur a pas dit avant leur départ !

La gratitude peut contribuer à ouvrir le cœur. En voici un exemple :

On raconte qu'un excellent violoniste new-yorkais, du nom de Fritz Kreisler avait un rêve, celui de posséder un Stradivarius. Il avait travaillé dur pendant plusieurs années dans l'espoir d'économiser assez d'argent pour se payer un tel violon. Finalement, il se décida à aller chercher l'objet de son désir. Après de longues recherches, il apprit qu'un magasin d'instruments de musique avait un Stradivarius à vendre.

Fritz s'y rendit, on lui montra l'instrument et il joua quelques notes, le son était incroyable ! Malheureusement, ce violon coûtait deux fois la somme que proposait le musicien.

– Pourriez-vous établir un plan de crédit pour que je vous paie chaque mois une partie de la somme manquante ?

– Non, nous ne faisons pas cela.

– Pourriez-vous alors me réserver ce violon pendant quelques mois, le temps que je trouve un moyen pour rassembler la somme manquante ?

– Non, nous ne faisons pas cela, non plus.

Fritz rentra chez lui, parla à ses amis, fit un emprunt et, un mois plus tard, il retourna au magasin le cœur battant.

– Vous venez trop tard, il y a quelques jours un collectionneur m'a acheté le Stradivarius.

Fritz était complètement abattu. Il avait passé si près de la réalisation de son rêve ! Soudain, une idée lui traversa l'esprit. Il demanda au marchand le nom du collectionneur pour lui faire une offre d'achat. Le rendez-vous fut pris et Fritz demanda au collectionneur s'il voulait bien lui vendre le fameux violon convoité.

– Je voudrais bien vous aider, mais ce violon était la pièce manquante de ma collection. Je veux le garder.

– Je vous comprends et je vous remercie de m'avoir reçu. Me permettriez-vous de jouer quelques minutes sur ce violon, je garderai ainsi le souvenir de ces quelques instants pour le reste de ma vie.

Le collectionneur lui tendit l'instrument et Fritz se mit à jouer avec passion et avec une extraordinaire virtuosité. Quand il eut terminé, il remercia chaleureusement le collectionneur et lui dit qu'il venait de vivre là un des plus beaux moments de sa vie grâce à lui. Puis il prit congé. Il avait déjà la main sur la poignée de porte, lorsque le collectionneur le rappela.

– Ne vous en allez pas ! Voyez-vous, j'ai acheté ce violon pour augmenter ma collection, mais vous, par l'extraordinaire musique que vous jouez, vous apporterez au monde du bonheur et de la beauté. Ce violon vous appartient. Je vous l'offre, prenez-le !

Cette histoire est magnifique et elle témoigne de ce va-et-vient qui s'instaure entre les êtres humains lorsque la gratitude ouvre le cœur et permet la générosité.

Gratitude pour le printemps

V.
Les obstacles à l'attitude de gratitude

« La beauté de la Création préexiste à notre regard, mais si nous ne la voyons pas, si nous ne la célébrons pas, elle est en quelque sorte perdue. Tout ce que nous ne mettons pas au monde de louange et de gratitude n'y est pas et n'y sera jamais. »
« Il y a une naissance simultanée de nos yeux et du monde, un sentiment de première *fois où ce qui regarde et ce qui est regardé se donnent le jour. »*[11]

Christian Bobin

« *Dans* regarder, *il y a* garder à nouveau. *Regarder, c'est prendre soin de ce qui a été gardé jusqu'ici et qui demande à vivre encore en s'approfondissant à travers notre propre regard.* »[12]

Francine Carrillo

---

[11] Christian Bobin, *La présence pure et autres textes*, Cognac, Le Temps qu'il fait, 1999, p. 19-20.
[12] Extrait de « Parole de croyant », *Panorama*, 08/09/2009.

Les avantages d'une attitude de gratitude sont tellement nombreux que l'on peut se demander pourquoi tant d'humains n'expriment pas leur reconnaissance ?

On peut mettre en évidence cinq grands obstacles à l'expression de la gratitude :

- le perfectionnisme,
- les fausses croyances,
- l'égocentrisme,
- l'inattention,
- l'incapacité de recevoir.

Le perfectionnisme

Pour certains, la recherche de la perfection est une quête permanente et épuisante. Rien ne peut les satisfaire sinon leur idée, leur interprétation de « la perfection ». Ils ne sont jamais satisfaits, puisque ce qu'ils perçoivent, c'est d'abord le fossé entre ce qui est et ce qui devrait être d'après eux. Ce qui leur saute aux yeux, c'est l'imperfection, le défaut, le détail qui les distrait de l'ensemble. Dans leurs relations avec les autres, ils n'expriment pas leur gratitude parce que ce qui est fait par l'autre n'est jamais à la hauteur de leurs attentes.

Fritz Perls, fondateur de la Gestalt-thérapie, disait déjà que le perfectionnisme est comme un « mauvais sort » pour celui qui en est « atteint » et pour ceux qui l'entourent.

Une jeune femme dont la mère était perfectionniste a raconté l'enfance difficile qui avait été la sienne. Ce qui l'avait tout particulièrement marquée, c'était l'incapacité de cette mère à la remercier quand elle recevait des cadeaux de son enfant. Toute fière d'un bricolage qu'elle avait fait à l'école pour la fête des mères, elle n'attendait que le plaisir de le lui remettre. Malheureusement, sa mère ne la remerciait pas. Au contraire, elle énumérait les défauts du cadeau créé, le mauvais choix des couleurs et finissait par s'exclamer : « Jette-moi tout ça ! C'est très mal fait ! J'espère que tu t'appliqueras plus l'année prochaine ! »

Trente ans plus tard, cette jeune femme a encore les larmes aux yeux quand elle raconte cet épisode de sa vie. Elle a attribué son manque d'estime d'elle-même et ses échecs répétitifs à cette mère pour qui rien n'était jamais suffisant.

La vie se caractérise par une succession de hauts et de bas, de bien et de mal, de plaisir et de souffrance. La perfection de la vie, c'est peut-être ce mélange constant de beau et de laid, de vie et de mort. Où que l'on soit, il y a des aspects admirables et d'autres qui ne le sont pas. Tout dépend de ce que l'on regarde ! Comme le soulignait le Dalaï-Lama, il y a ceux qui voient la beauté de la fleur de lotus et ceux qui voient la boue au fond de l'étang.

Pouvoir exprimer de la gratitude, c'est être capable de poser son regard sur ce qui est, sans chercher le défaut, l'imperfection, mais en s'ouvrant à la beauté et à la capacité de s'émerveiller.

Les fausses croyances

Le deuxième obstacle à l'expression de la gratitude, c'est la croyance que l'univers, ainsi que les autres humains nous *doivent* quelque chose. Or, personne ne nous doit rien et nous ne sommes rien sans les autres. Nous existons parce que d'autres ont existé avant nous, nous sommes nés parce que nos parents ont pris le risque de nous concevoir, parce qu'eux ou d'autres personnes nous ont élevés. Nous sommes capables d'évoluer dans ce monde, parce que des enseignants nous ont donné les bases nécessaires du savoir vivre tous les jours en société.

Nous sommes tributaires des autres pour d'innombrables éléments de notre quotidien. La réalité, c'est que nous sommes interdépendants à chaque instant. C'est pourquoi la prise de conscience de cette situation nous amène normalement à exprimer sans cesse notre reconnaissance, notre gratitude à ceux avec qui nous entrons en contact à chaque instant de la journée.

Une éduquation adéquate peut faciliter le fait de pouvoir se situer au milieu des autres et reconnaître son interdépendance. Il existe aujourd'hui un problème de taille que l'on nomme l'« avènement de l'enfant-roi ». Tellement désirés, valorisés, ne connaissant pas la frustration constructive, de nombreux enfants se perçoivent comme étant le centre du monde. Ceux qui les entourent sont là pour satisfaire leurs besoins et n'enseignent plus à ces petits humains les bases élémentaires de la politesse, l'importance des relations avec les autres et la place de la gratitude dans la vie. Devenus adolescents ou jeunes adultes, ils ne savent pas montrer des égards aux autres ni réaliser combien ils sont privilégiés. Leur attitude générale est de l'ordre de la revendication plutôt que de la gratitude.

Il y a heureusement une prise de conscience possible à ce propos et l'on peut espérer que les futurs parents seront de plus en plus préparés pour remédier à ce problème.

L'égocentrisme

Le troisième obstacle à l'expression de la gratitude, c'est l'égocentrisme, cette tendance à tout ramener sur soi, à se percevoir comme le nombril du monde.

Pour le psychologue Jean Piaget, qui a étudié le premier la construction de l'intelligence chez l'enfant, l'égocentrisme fait partie du début du développement humain. Ce qu'on nomme l'« indifférenciation » entre l'enfant et le monde conduit l'enfant à croire que le monde se réduit à sa seule expérience. Son rapport aux objets et aux personnes, sa perception et sa pensée sont imprégnés d'égocentrisme jusqu'à 5-6 ans.

Malheureusement, certains n'évoluent pas sur ce point et continuent, une fois devenus adultes, de ne considérer que leur point de vue, leur interprétation et leurs valeurs en faisant abstraction de l'avis ou des valeurs des autres. On les nomme avec humour les personnalités « monnombril.com ». Pour ceux-là, les autres n'ont pas d'importance à leurs yeux : ce qu'ils font, ce qu'ils donnent, tout cela ne mérite aucune reconnaissance, car les autres ne comptent pas.

L'inattention

Le quatrième obstacle à l'expression de la gratitude, c'est l'inattention. Moins grave que les trois précédents, car plus facilement modifiable, l'obstacle de l'inattention caractérise les personnes centrées sur un but à atteindre, une série d'activités à accomplir, et qui ne « voient » pas vraiment ce ou ceux qui les entoure(nt). Elles ne sont pas attentives aux gestes généreux ou bienveillants de ceux qui vivent ou travaillent avec elles, elles ne « voient » pas les beautés de la nature, ni les privilèges qui sont les leurs.

Comme le souligne Robert Emmons, la gratitude repose sur une constatation et, pour pouvoir « constater », il est nécessaire de prêter attention. L'attention agit comme un filtre permettant à chaque instant un choix des informations qui nous arrivent en vue de leur traitement ultérieur et de leur transmission aux systèmes de mémoire. Lorsque nous sommes trop absorbés par les buts à atteindre, que nous ne sommes pas « présents » dans le ici et maintenant, nous ne pouvons pas prendre conscience de ce que les autres font pour nous et perdons toutes les raisons de nous émerveiller.

Comme l'explique si bien le théologien et psychologue Anthony de Mello, on peut être si occupé à courir après le bonheur qui s'acquiert comme la position sociale, l'argent, la célébrité… que l'on en oublie le bonheur offert tel que l'amour, les beautés de la nature, le fait d'être vivant et les mille autres bienfaits dont nous jouissons au quotidien.

L'incapacité de recevoir

L'incapacité de recevoir constitue le cinquième obstacle à l'expression de la gratitude. Dans l'échelle des valeurs d'une personne, il peut y avoir des distorsions dues à son éducation, à sa religion ou plutôt à la manière dont on lui a enseigné la religion, ainsi qu'aux adultes de son entourage et qui lui ont démontré comment vivre et comment se comporter parmi les autres.

Ainsi, certains adultes n'ont pas appris à recevoir car, selon eux :

- on n'a pas le droit de vouloir quelque chose pour soi, c'est égoïste ;
- on n'a pas le droit de parler de soi, cela représente un fardeau pour les autres ;
- ceux qui, dans la vie, parviennent à leurs fins sans l'aide ou le soutien de qui que ce soit, sont particulièrement admirables ;
- ceux qui ont beaucoup souffert sont encore plus admirables.

Outre ces quatre distorsions de la pensée, ces mêmes adultes n'osent demander quelque chose pour eux :

- qu'à la condition que cela n'incommode, ne perturbe ou n'irrite qui que ce soit ;
- qu'à la condition que cela n'interfère pas avec ce que les autres veulent pour eux-mêmes ;
- qu'à la condition que cela n'interfère pas avec ce que les autres désirent pour eux-mêmes ;
- qu'à la condition que les autres soient d'accord avec eux.

Bien entendu, ces idées erronées empêchent celui ou celle qui les abrite de recevoir avec plaisir, de se sentir comblé(e) et de ressentir de la gratitude. Au contraire, cette personne ne se sentira pas appréciée, elle sera souvent fatiguée, elle éprouvera du ressentiment envers les autres et sa vie spirituelle sera peu épanouie.

Lorsqu'on parle de ces difficultés avec une telle personne, elle décrit souvent à quel point elle ne reçoit rien des autres et combien son(sa) conjoint(e) lui-même (ou elle-même) est peu attentif(ve).

La cause de cette situation réside dans l'incapacité de recevoir. Comment y remédier ?

Tout d'abord, en apprenant à **recevoir avec simplicité**. Qu'il s'agisse d'un compliment, d'un cadeau ou d'une invitation, la meilleure réponse est la gratitude. Au lieu de dévaloriser un compliment, il s'agit de le recevoir avec plaisir, ce qui n'est pas toujours enseigné dans notre culture :

– Quel joli chemisier vous portez !

– Oh ! Vous savez, il a déjà plusieurs années et je l'avais acheté en soldes !

Une réponse positive serait plutôt :

– Moi aussi, je l'aime beaucoup !

Ou encore :

– Le gâteau que tu nous as apporté était exceptionnel, nous nous sommes régalés.

– Vous n'avez pas trouvé qu'il était un peu trop sucré ?

Pourquoi dévaloriser cet élan de gratitude ? Le compliment peut être « reçu » et l'on aurait pu répondre :

– Je suis heureuse qu'il vous ait plu !

Un compliment est une manière de souligner quelque chose de positif, c'est une sorte de cadeau, une manière parfois d'exprimer sa gratitude.

Il y a aussi une manière positive de recevoir un présent, d'exprimer sa gratitude et de poser une action concrète. En voici un exemple :

Un soir, invitée avec d'autres amis à un dîner, l'un d'entre eux avait apporté de magnifiques roses à notre hôtesse. J'étais allée avec lui chez le fleuriste et je connaissais leur prix. Il offrit le splendide bouquet qui fut déposé sur la table du vestibule avec un rapide merci.

Trois heures plus tard, il y était toujours. Je suis sûre que mon ami n'est pas prêt à rapporter des roses lors d'une prochaine invitation !

L'hôtesse aurait pu ouvrir le papier emballant les roses, dire son contentement, admirer la beauté de ces fleurs et les mettre (ou les faire mettre) immédiatement dans un vase avec de l'eau. Ce geste n'aurait pas pris beaucoup de temps et il aurait pu apporter beaucoup de joie !

Savoir recevoir, c'est en partie un art, un élément de savoir-vivre, c'est surtout un élan du cœur.

On raconte l'histoire d'un professeur en pédiatrie, très connu en Suisse romande. Comme chaque semaine, il faisait la « grande visite » du service qu'il dirigeait, suivi de tous les médecins en cours de formation. Il s'arrêtait à chaque lit, entrait en contact avec chaque enfant, faisait des commentaires sur le cas médical, répondait aux questions des assistants et passait au lit suivant. Il manifestait de magnifiques capacités relationnelles et les enfants l'aimaient beaucoup.

Le petit Georges, âgé de 4 ans, se tenait debout au pied de son lit, appuyé sur la barrière. Il attendait le professeur avec impatience car il avait quelque chose à lui donner, un morceau de chocolat qu'il tenait dans sa main. Il se passa au moins vingt minutes avant que le professeur n'arrive auprès de Georges. Une fois arrivé devant lui, le petit tendit la main ouverte vers le praticien en lui disant :

– Tiens, professeur, c'est pour toi, c'est bon !

Il y eut un silence gêné, tout l'aréopage en blouses blanches se demandait ce qu'allait faire le patron. Ce dernier ouvrit la bouche, mangea la pâte informe et remercia chaleureusement l'enfant qui sautillait de joie. Cet homme pratiquait la gratitude, non seulement dans cette situation, mais aussi avec ses collègues et ses subordonnés.

Il y a des années qu'il a pris sa retraite maintenant, pourtant sa capacité d'exprimer la gratitude reste légendaire pour ceux qui l'ont connu.

La vie avec ses aspects inattendus se charge parfois de « rappeler à l'ordre » ceux qui n'incluent pas la gratitude dans leur vie.

De nombreuses personnes ayant eu à traverser l'expérience du cancer soulignent combien cette épreuve a modifié leur vision de la vie :

> *« C'est comme si je contemplais le coucher du soleil pour la première fois, je remarquais l'affection de mes proches et j'éprouvais des sentiments de profonde gratitude qui m'avaient été inconnus jusqu'à ce jour. »*
>
> Astrid, survivante d'un cancer avancé

> *« Je réalisais que je n'avais pas vraiment vécu. J'avais couru, j'avais une vie trépidante et je pensais que c'était cela vivre. Maintenant, je sais m'arrêter, sourire, dire merci, passer du temps avec ceux que j'aime et leur dire à quel point ils sont précieux dans ma vie. »*
>
> Jacqueline, en traitement
> de chimiothérapie pour un cancer

Heureusement, le passage par une dure épreuve n'est pas toujours nécessaire pour s'éveiller à la gratitude. Un jeune père de famille a avoué avoir été « envahi » d'un sentiment incroyable de gratitude à l'occasion de la naissance de son premier enfant et que, depuis ce jour, il était devenu « conscient » de tous les bienfaits reçus dans sa vie.

VI.
Pratiquer la gratitude

« Développer en soi le sentiment de gratitude, cela signifie ne rien prendre pour un dû, mais constamment rechercher et donner de la valeur à la bonté présente derrière l'action. Rien ne va de soi. Tout commence par une volonté de bien agir qui est dirigée vers vous. Développez donc en vous la capacité d'exprimer votre gratitude par la parole ou l'action. »

Albert Schweitzer

Certaines personnes ne voient pas pourquoi elles devraient ressentir et exprimer de la gratitude. Leur vision se concentre sur ce qui est difficile, problématique dans leur vie : un participant à un cours a dit un jour : « Je suis chômeur, divorcé, je ne vois mes enfants que deux week-ends par mois, on vient de me découvrir un diabète et je devrais exprimer de la gratitude ? Ça n'a pas de sens ! » En effet, pour lui, à ce moment-là, la gratitude lui semblait impossible à manifester.

Il y a ainsi des moments dans la vie où l'avenir semble bouché, où le chagrin et la révolte occupent toutes nos pensées. Cela fait partie du chemin de vie. À certains moments, l'esprit est entièrement concentré sur ce qui n'est plus ou sur ce qui n'est pas. Mais petit à petit, la souffrance diminue et il devient alors possible de considérer aussi ce qu'on a. L'homme dont il est question ici pourrait prendre conscience de sa bonne formation professionnelle, de ses nombreux amis qui l'entourent, des possibilités qui existent pour améliorer sa vie, de l'endroit où il vit, du fait qu'il bénéficie de soins d'excellente qualité, du fait qu'il vive dans un pays en paix et qu'il jouit d'une certaine liberté.

Tout est relié à ce que nous regardons et, tout particulièrement, à la manière dont nous l'interprétons et aux émotions que cela engendre en nous. Nous pouvons même affirmer que la qualité de notre vie dépend de la qualité des émotions que nous ressentons chaque jour.

Ces émotions se créent de trois manières :

- Tout d'abord par les histoires que nous nous racontons à propos des événements, en d'autres termes, à travers l'interprétation que nous donnons aux situations qui se présentent à nous.
- Puis à travers la physiologie, les mouvements et les mimiques : par exemple, le fait de nous mettre debout, de nous redresser et de sourire, tout cela change notre état émotionnel.

- Enfin, par le chant, la musique entraînante, des mots-clés comme : « Allez, on y va ! », qui permettent de créer des émotions positives. C'est probablement pour cette raison qu'il existe des fanfares qui stimulent les émotions positives lors de défilés militaires, par exemple.

Chaque être humain a une émotion familière qui est son ressenti de base. Cela peut être la colère, la tristesse, la peur ou, heureusement, la joie et la gratitude. L'on sait aujourd'hui que chaque émotion a son propre circuit neuronal dans le cerveau et que plus on vit souvent une certaine émotion, plus son circuit se renforce et plus on y accède rapidement. C'est un chemin balisé qu'on connaît bien.

Le cerveau est un organe extraordinaire dont on est loin d'avoir percé tous les mystères. On a découvert entre autres que cet organe ne fait pas la différence entre un souvenir et une expérience immédiate. Sur le plan biochimique, on ressent du bonheur ou de la gratitude lorsqu'on évoque un souvenir autant que lorsqu'on est en train de vivre au présent cet événement. On peut ainsi « baliser » le circuit d'une émotion et se préparer à y accéder plus rapidement et plus facilement lorsqu'on y consacre quelques minutes par jour, comme nous l'indiquerons un peu plus loin.

Les moyens concrets de « pratiquer » la gratitude

Le cahier de gratitude

Il y a quelques années, un professeur de psychologie positive à Harvard, du nom de Tal Ben-Shahar, a commencé à enseigner les sources du bonheur. Très vite, des centaines d'étudiants se sont inscrits à son cours car ils voyaient des résultats concrets chez leurs amis qui l'avaient déjà suivi.

Comme dans tout cours universitaire, il y a des travaux à rédiger et des examens à passer, mais il y a aussi l'obligation d'appliquer les théories dans la vie quotidienne. Un des exercices consistait à écrire, chaque soir dans un cahier, cinq choses pour lesquelles ils étaient reconnaissants. Au bout de huit semaines, ils se sentaient plus heureux, plus optimistes, en meilleure santé et plus généreux envers les autres.

Aux États-Unis, l'une des animatrices de télévision les plus populaires du pays a parlé de cet exercice de gratitude et affirmé qu'elle tenait elle-même un tel cahier dont il en ressortait des résultats très positifs. Depuis son émission sur la gratitude, des centaines de milliers de téléspectateurs s'y sont mis et commentent aujourd'hui sur Internet leurs résultats positifs obtenus.

Comment s'y prendre ?

- Décider de la manière dont on veut tenir ce « journal ».
- Acheter un beau cahier ou créer un espace dédié sur son ordinateur.
- Enregistrer.
- Décider d'un moment propice dans la journée pour faire l'exercice : avant de se coucher ou en rentrant chez soi avant le repas du soir… Tout dépend de ses occupations et de son rythme de vie. L'essentiel consiste à créer une habitude.
- Éviter de se creuser la tête pour identifier des événements exceptionnels : écrire à propos des plus petites joies, celles qu'on oublie si facilement : l'eau courante, la route goudronnée, les moyens de transport, la douche et le savon, etc. On peut exprimer de la gratitude pour sa santé, pour ses organes sensoriels : « J'entends et je vois ! ». Pour ses proches et ses amis, pour la nature, les fleurs, les papillons, les oiseaux, les montagnes, les lacs et la mer. Pour les dons reçus, pour tout ce que les autres ont fait pour contribuer à notre bien-être : le pain du boulanger, le journal que m'apporte le facteur, etc.

Une personne ayant commencé à tenir un cahier de gratitude trouvait qu'elle n'écrivait que des banalités, mais en fait, rien n'est banal ! Selon la manière dont on regarde les événements, comme le disait Albert Einstein, tout peut être considéré comme un miracle. Plus on écrit, plus on observe et plus le contenu du cahier de gratitude devient passionnant. Les effets positifs se font tout spécialement sentir au bout de quatre semaines.

Mon cahier de gratitude
Le … / … / 2009
Aujourd'hui, je suis reconnaissant pour les raisons suivantes :

–
–
–
–
–

Inviter les enfants à créer et à tenir un journal de gratitude
Entre 7 et 12 ans, les enfants sont très ouverts à de nouvelles idées proposées par leurs parents et leurs enseignants.

À la maison, les parents peuvent leur expliquer la démarche du cahier de gratitude et les inviter à en tenir un. En famille, on peut aller acheter un beau cahier ou le fabriquer avec des feuilles vierges rangées dans un classeur. L'enfant peut décorer les feuilles, y coller des photos, des images, des dessins. On peut lui proposer d'écrire :

– Aujourd'hui, je dis merci à ....
(Noa qui m'a aidé à me relever lorsque je suis tombé à l'école.)
– Aujourd'hui, j'ai aimé ....
(la tarte aux pommes que maman avait préparée.)
– Aujourd'hui, j'ai apprécié ....
(le bus scolaire parce qu'il pleuvait.)

À l'école, le cahier de gratitude peut devenir un rituel positif qui termine chaque journée. L'enseignant(e) réserve les dernières quinze minutes de cours à cette activité et une fois par semaine, le vendredi par exemple, chacun peut choisir une ou deux raisons de gratitude notées dans son cahier et les partager avec ses camarades.

Les enseignants ayant introduit ce rituel dans leur classe remarquent que les enfants apprécient beaucoup ce moment et quittent le cours avec des émotions positives. D'autre part, ils apprennent à « voir », à être plus attentifs aux bienfaits dont la vie les gratifie.

« Le comité du bonheur »

C'est le terme qu'a choisi Tal Ben-Shahar pour désigner une autre approche du partage de la gratitude. Elle convient aussi à ceux que l'écriture rebute. Il s'agit de moments passés ensemble, en famille ou en équipe, où chacun peut exprimer ses raisons de satisfaction, les actes et les personnes pour lesquels il est reconnaissant.

Cela peut se faire de différentes manières et à des moments différents. C'est aussi possible de prendre un moment à deux, en couple par exemple, pour faire ce que l'on nomme une dyade[13].

Assises face à face, légèrement décalées, les deux personnes s'accordent chacune à tour de rôle cinq minutes d'écoute totale sans interruption. Si la situation le demande, il peut y avoir plusieurs fois cinq minutes par personne. La règle de base est de ne pas interrompre l'autre, de ne pas argumenter et de terminer la séance par l'expression de la gratitude. De plus, ce qui est abordé pendant la dyade n'est plus jamais repris après. Ce qui est alors partagé s'avère de très grande qualité. Durant les cinq minutes, chacun exprime ce qu'il ressent, puis termine son discours par une manifestation de gratitude.

Voici un exemple :

Elle : Je tenais à te remercier pour la patience que tu as montrée avec moi hier soir. Je me suis énervée, j'étais fatiguée et tu as préparé le repas pour nous deux sans perdre ton calme. Tu as été super !

---

[13] Réunion de deux éléments solidaires, complémentaires.

Lui : J'ai réalisé que tu avais passé la tondeuse, porté l'herbe fauchée à la décharge communale durant mon absence. Cela m'a beaucoup soulagé car je pensais devoir faire tout cela dimanche.

La lettre de gratitude

Le professeur de psychologie positive, Martin Seligman[14] et ses collègues de l'Université de Pennsylvanie ont donné une consigne aux participants de l'une de leurs recherches. Il s'agissait de prendre une semaine pour écrire et remettre personnellement une lettre de gratitude à quelqu'un s'étant montré particulièrement bienveillant à leur égard ou qui avait eu une grande importance dans leur histoire de vie. Ce destinataire devait être encore en vie et n'avoir jamais été vraiment remercié.

La lettre ou le témoignage devait faire deux ou trois pages de longueur et comporter des éléments précis. Ensuite, le participant devait prendre rendez-vous avec son destinataire sans lui spécifier la raison de la visite et lui lire la lettre une fois chez lui.

Environ trois cents personnes ont effectué cette visite. L'expérience vécue, aussi bien pour

---

[14] Martin Seligman, *Authentic Happiness – Using the new positive psychology to realize your potential for lasting fulfillment*, Free Press, 2002.

ceux ayant écrit la lettre que ceux l'ayant reçue, fut très émouvante.

De plus, on a relevé des changements positifs durables chez les « visiteurs », tels que la diminution des sentiments dépressifs, et ces résultats étaient toujours d'actualité un mois après la visite.

Cette expérience a été répétée dans d'autres lieux et avec d'autres personnes. Et les résultats se sont toujours révélés très positifs.

On peut écrire une telle lettre à ses parents, alors qu'adulte, on réalise tout ce qu'ils ont donné et combien on les a peu remerciés. Le lien parent-enfants devenus adultes se solidifie grâce à une telle expérience. Il y a tant de personnes qui, un jour ou l'autre, interviennent positivement dans nos vies, qu'il n'y a que l'embarras du choix !

> Un instituteur de campagne de plus de 80 ans a reçu un jour la lettre suivante d'un homme d'une quarantaine d'années, ingénieur, qu'il avait eu comme élève dans sa classe.
>
> « Très cher Monsieur,
>
> Il y a trente ans, j'étais un petit garçon pauvre qui commençait l'année scolaire dans votre classe. J'étais mauvais élève. Je n'avais pas la possibilité de faire mes devoirs car j'étais placé chez des paysans que ma scolarité n'intéressait pas. J'étais nourri et logé chez eux et mon travail à la ferme passait avant tout.

J'étais découragé, anxieux à l'idée de recommencer une année scolaire désastreuse et honteuse pour moi. Alors, je me suis assis au dernier rang, j'ai rentré la tête dans les épaules, prêt à traverser les orages. Mais, tout de suite, vous m'avez regardé avec une telle bonté et j'ai senti une telle confiance que je me suis redressé sur mon siège. Vous m'avez demandé de venir m'asseoir devant et je suis devenu *quelqu'un*.

Mon orthographe était fantaisiste, mais je calculais bien. Vous mettiez en évidence à mes yeux et aux yeux des autres ce que je faisais bien et vous ne montiez pas en épingle mes manques. Lorsque les jours se sont raccourcis, je vous ai dit que c'était difficile pour moi d'apprendre car il n'y avait pas l'électricité dans ma chambre. Alors, un jour, vous m'avez retenu après la classe et vous avez mis une belle lampe de poche dans mon cartable en m'assurant que vous me donneriez des piles lorsque j'en aurais besoin.

Jamais, vous ne pourrez mesurer ce que votre bienveillance a construit dans ma vie. Les deux années passées avec vous m'ont donné la force de vivre les suivantes, le désir et la persévérance de continuer à étudier.

Aujourd'hui, je dirige un important service public, j'ai une famille magnifique et j'essaie de donner aux autres un peu de ce que vous m'avez donné. La vie passionnante qui est la mienne aujourd'hui, je vous la dois. *Merci* est un mot banal, mais je vous le dis du fond du cœur.

Que Dieu vous garde !

Émile »

Cet instituteur a gardé cette lettre parmi ses objets précieux et, vu l'usure des plis de la feuille, il l'a probablement lue des dizaines de fois. Quant à Émile, il a dû ressentir beaucoup de bonheur pour avoir été capable d'exprimer ainsi ce qu'il ressentait !

Les bocaux de gratitude

Il suffit de se procurer un bocal en verre avec lequel on fait généralement des conserves, puis de laisser libre cours à sa créativité pour le décorer en y collant des cœurs rouges en feutrine ou en le peignant avec de la peinture sur verre ou tout autre moyen de l'embellir et de le rendre unique. On peut remplacer ce bocal par une belle boîte de n'importe quelle matière qu'on pose ensuite en évidence dans la maison.

Chaque fois qu'il se produit quelque chose de positif, que l'on reçoit un bienfait particulier, quelqu'un écrit cet événement sur un petit papier. En fin d'année, lors du repas de réveillon par exemple, on ouvre le bocal ou la boîte et chacun lit un papier à tour de rôle. La prise de conscience de toutes ces raisons d'être dans la gratitude donne une tout autre dimension à la fête de famille. Certains archivent les petits papiers dans un dossier qui portent le chiffre de l'année et le bocal est vidé pour pouvoir être rempli de nouveau l'année suivante.

S'il y a des enfants, cela représente un formidable apprentissage pour eux, car ils sont aussi encouragés à écrire ou à dessiner leurs raisons de gratitude !

Le bocal de gratitude peut également être employé d'une manière personnelle. C'est un moyen qui peut remplacer le cahier de gratitude. Et c'est plus ludique !

Le bocal ou la boîte de témoignages de reconnaissance

Les départs à la retraite sont des moments parfois difficiles pour les personnes qui se sont investies très intensément dans une institution ou son entreprise. Il y a souvent des discours ou des cadeaux pour l'occasion, mais tous ne réussissent pas à s'exprimer. C'est pourquoi, durant les mois ou les semaines qui précèdent le départ d'un collègue, on peut offrir la possibilité à tous ceux qui le désirent d'écrire une raison de reconnaissance envers le(la) futur(e) retraité(e). Cela peut être très court ou plus long, il peut s'agir d'un souvenir ou d'une situation plus récente.

– Je n'oublierai jamais la manière dont tu m'as accueilli et mis au courant.

– Je te remercie pour ta présence à mes côtés lors de mes débuts dans ce bureau !

– Merci pour ton calme et ton optimisme à toute épreuve.

Selon le nombre de personnes présentes à la cérémonie, chacun peut lire sa petite carte et la mettre dans le bocal décoré qui sera remis au héros du jour ou, si cela n'est pas possible, le bocal rempli de témoignages peut être remis directement au(à la) futur(e) retraité(e) qui les lira plus tard. Il n'y a rien qui fasse plus plaisir à quelqu'un que d'emporter avec soi les témoignages de gratitude de ceux qu'il a côtoyés durant tant de jours de sa vie !

On peut bien sûr adapter cette idée du bocal de reconnaissance à d'autres situations.

La création artistique

L'expression de la gratitude peut prendre diverses formes. Lorsqu'on possède un talent, on peut exprimer ce ressenti par la peinture, la musique, des poèmes, des chants. Georges Brassens, par exemple, a su le faire d'une manière magistrale dans sa « Chanson pour l'Auvergnat ».

Chanson pour l'Auvergnat[15]
Georges Brassens

Elle est à toi cette chanson
Toi l'Auvergnat qui sans façon
M'as donné quatre bouts de bois
Quand dans ma vie il faisait froid
Toi qui m'as donné du feu quand
Les croquantes et les croquants
Tous les gens bien intentionnés
M'avaient fermé la porte au nez
Ce n'était rien qu'un feu de bois
Mais il m'avait chauffé le corps
Et dans mon âme il brûle encore
À la manièr' d'un feu de joie

Toi l'Auvergnat quand tu mourras
Quand le croqu'mort t'emportera
Qu'il te conduise à travers ciel
Au père éternel

Elle est à toi cette chanson
Toi l'hôtesse qui sans façon
M'as donné quatre bouts de pain
Quand dans ma vie il faisait faim
Toi qui m'ouvris ta huche quand
Les croquantes et les croquants

[15] http://fr.lyrics-copy.com/georges-brassens/chanson-pour-lauvergnat.htm

Tous les gens bien intentionnés
S'amusaient à me voir jeûner
Ce n'était rien qu'un peu de pain
Mais il m'avait chauffé le corps
Et dans mon âme il brûle encore
À la manièr' d'un grand festin

Toi l'hôtesse quand tu mourras
Quand le croqu'mort t'emportera
Qu'il te conduise à travers ciel
Au père éternel

Elle est à toi cette chanson
Toi l'étranger qui sans façon
D'un air malheureux m'as souri
Lorsque les gendarmes m'ont pris
Toi qui n'as pas applaudi quand
Les croquantes et les croquants
Tous les gens bien intentionnés
Riaient de me voir emmener
Ce n'était rien qu'un peu de miel
Mais il m'a chauffé le corps
Et dans mon âme il brûle encore
À la manièr' d'un grand soleil

Toi l'étranger quand tu mourras
Quand le croqu'mort t'emportera
Qu'il te conduise à travers ciel
Au père éternel

Paul McCartney a aussi composé une chanson de gratitude – qui en porte le nom – qui a fait le tour du monde et dont les premières paroles sont :

Je suis si reconnaissant pour tout ce que tu m'as donné…
(I'm so grateful for everything you've ever givin'me…)

Probablement que le chant de gratitude le plus connu dans le monde, qui a été traduit en soixante-dix langues, est « Amazing Grace ». Il a été chanté par les plus grands artistes – Joan Baez, Nana Mouskouri et des milliers d'autres – et il produit toujours la même émotion chez ceux qui l'entendent :

Amazing Grace

Incroyable grâce !
Quelle douce voix que celle de celui qui a sauvé un misérable tel que moi.
J'étais égaré, mais à présent, je me suis retrouvé,
j'étais aveugle, mais maintenant je vois [16]
(Amazing Grace, how sweet the sound,
That saved a wretch like me…
I once was lost but now I'm found
Was blind, but now, I see…)

---

[16] Voir www.lacoccinelle.net pour lire toute la traduction de la chanson.

C'est surtout l'histoire de l'auteur de la musique et des paroles de cette chanson, John Newton, qui est un témoignage de gratitude.

John Newton est né en 1725. Fils d'un commandant de navire marchand, il est engagé après de nombreuses aventures par un esclavagiste qui allait chercher des esclaves sur la côte de la Sierra Leone. Cet esclavagiste le maltraitait brutalement. En 1748, il est recueilli par un commandant de vaisseau qui avait connu son père. Il devint lui-même capitaine de bateau. Un jour, lors d'un violent orage, alors qu'il pensait sombrer, il cria : « Seigneur, aie pitié de nous ! » Le bateau résista à la tempête et ils furent tous sauvés.

John Newton pris conscience de la délivrance que Dieu lui avait accordée et, selon ses dires, la grâce avait commencé son action en lui. Il renonça au transport des esclaves et, pour le reste de sa vie, il devint un ardent chrétien, apprit le grec et l'hébreu et devint finalement pasteur. Il composa « Amazing Grace » et 280 autres hymnes.

Certains chercheurs postulent que la mélodie de « Amazing Grace » est probablement tirée des airs que chantaient les esclaves noirs pendant les traversées maritimes.

À part les chants ou la musique, d'innombrables auteurs ont exprimé leur gratitude envers leur Dieu par des poèmes et des prières. En voici un exemple. Lytta Basset, auteur contemporaine et théologienne connue, a écrit le poème suivant :

> Dieu de toute naissance,
> tu nous crées
> comme l'océan crée les continents :
> en se retirant !
> Merci pour l'espace
> que tu ouvres devant nos pas.
>
> Dieu de toute subsistance,
> tu nous nourris comme la sève invisible
> monte des profondeurs de la terre :
> merci pour la vie
> qui triomphe de l'hiver !
>
> Dieu de toute offrande,
> tu nous émerveilles
> comme la femme sans retenue
> répand le parfum de grand prix :
> merci pour le don de ta vie,
> béni sois-tu, ô notre Dieu !

❧ *Rendre grâce*

L'ancienne coutume qui consistait à dire une prière de reconnaissance avant les repas a peu à peu disparu en même temps que la population est devenue de moins en moins « religieuse ». Pourtant, qu'on soit croyant ou non, il est possible de prendre conscience, alors qu'on se prépare à prendre un repas, du privilège que cela représente d'avoir à manger alors que des millions d'humains ont faim. Il n'est pas nécessaire de dire une prière ou d'utiliser des formules toutes faites, mais simplement d'avoir une pensée de reconnaissance pour tous ceux qui ont œuvré pour que ce repas soit présent sur cette table. Trente secondes de silence, qui permettent une expression intérieure ou partagée avec les autres convives, apportent une dimension supplémentaire à la nourriture que l'on va consommer.

L'auteur prolifique et moine bouddhiste, Thich Nhât Hanh, fondateur du Village des Pruniers en Dordogne, a beaucoup écrit sur l'importance de la gratitude ressentie et exprimée avant les repas : il propose de dire ou de penser aux cinq contemplations suivantes :

- Cette nourriture, fruit du ciel, de la terre, de beaucoup de travail et d'amour, est un don de l'univers tout entier.
- Recevons-la en Pleine Conscience, avec Amour et Gratitude, afin d'en être dignes.

- Reconnaissons et transformons nos états mentaux négatifs, notamment la gourmandise, afin d'apprendre à manger avec modération.
- Puissions-nous maintenir notre compassion éveillée en mangeant de façon à réduire la souffrance des êtres vivants, à préserver notre planète et à inverser le processus du réchauffement planétaire.
- Nous acceptons cette nourriture avec gratitude afin de pratiquer et de réaliser le chemin de la compréhension et de l'amour, de développer notre fraternité, de construire notre communauté et de nourrir notre idéal de servir tous les êtres vivants.

Pour lui, la paix et la joie devraient être présentes tout au long du repas pris en commun afin de continuer à manifester la gratitude.

Lorsque des enfants participent aux repas, Thich Nhât Hanh propose une version simplifiée des cinq contemplations :

- Cette nourriture est le cadeau de tout l'univers : de la terre, du ciel, de la pluie et du soleil.
- Nous remercions tous ceux qui ont fait cette nourriture. En particulier les fermiers, les marchands et les cuisiniers.
- Nous mâchons la nourriture lentement afin de la savourer.

- Cette nourriture nous donne de l'énergie pour avoir plus d'amour et plus de compréhension.
- Nous mangeons cette nourriture afin d'être sains et heureux, et de nous aimer comme une famille.

Le christianisme est aussi très riche en formules de gratitude à prononcer avant les repas. Parmi les plus connues, citons :

« *Mon âme bénit l'Éternel et n'oublie aucun de ses bienfaits.* »

Ou encore :

« *Pour ce repas, pour toute joie, nous te louons, Seigneur.* » (Cette prière peut être chantée en canon !)

Toute vie est plus riche et plus complète lorsqu'on pratique des rituels de gratitude.

Rendre grâce dans d'autres traditions

Il existe un texte québécois d'origine inconnue, probablement inspiré des traditions amérindiennes et qui se nomme « Les six touchers de la terre ». Il s'agit de s'agenouiller en s'inclinant profondément jusqu'à toucher la terre avec le front, les bras pliés, les mains à plat sur le sol, de chaque côté de la tête. À chaque « toucher de la terre » avec le front, on exprime une forme particulière de gratitude :

- Avec gratitude, je me prosterne devant tous les ancêtres de ma génétique, remontant dans la nuit des temps.
- Avec gratitude, je me prosterne devant toutes les générations d'ancêtres de ma famille spirituelle remontant dans la nuit des temps.
- Avec gratitude, je me prosterne devant cette terre de mon pays et devant tous les ancêtres qui l'ont rendue habitable.
- Avec gratitude et compassion, je me prosterne devant tous ceux que j'aime et leur transmets mon énergie.
- Avec compréhension et compassion, je me prosterne en signe de réconciliation devant tous ceux qui m'ont fait souffrir.
- Avec gratitude et compassion, je me prosterne devant les ancêtres de ma religion d'origine[17].

Exprimer sa gratitude peut se faire lors de fêtes, de services du souvenir, de cérémonies de toutes sortes qui sont parfois si simples à organiser et si bienfaisantes pour tous ceux qui en bénéficient. Une association espagnole de soins palliatifs a remis récemment un petit papillon d'or à une vingtaine de personnes qui avaient participé de différentes manières à l'implantation de centres de soins palliatifs dans le pays. La cérémonie,

[17] On peut retrouver le texte dans son entier sur le site http://amourdelumiere.fr/textes.php

très belle, était une manière de leur exprimer de la gratitude.

Certaines cultures sont beaucoup plus créatives que d'autres dans leur manière d'exprimer de la gratitude envers des personnes méritantes.

Introduire ou augmenter l'expression de la gratitude dans la vie quotidienne

Le plus difficile, après avoir pris conscience de l'importance de la gratitude, c'est de se « mettre en route », de décider d'agir. Parmi les possibilités proposées dans ce chapitre, il y en a probablement une qui est plus adéquate, qui convient plus particulièrement à la situation dans laquelle on se trouve.

S'il est ardu de trouver des raisons d'exprimer sa gratitude « ici et maintenant » et partant du fait que, pour le cerveau, il n'y a pas de différence entre les souvenirs et la réalité, on peut prendre une quinzaine de minutes par jour pour apprendre à ressentir de la gratitude. Voici comment :

- Prenez deux grandes inspirations.
- Évoquez un beau souvenir, un moment de gratitude vécu dans le passé.
- Laissez l'émotion se répandre dans le thorax.
- Entretenez cette émotion par l'image et la respiration.

VII.
La bénédiction pour aller vers la gratitude

Le plus grand obstacle à l'expression de la gratitude, c'est la conviction d'avoir trop souffert ou d'avoir rencontré trop de difficultés dans la vie pour pouvoir ressentir et exprimer de la gratitude. Il est vrai que certaines personnes ont traversé tant de drames, connu tant de peines, qu'il peut paraître saugrenu de leur parler de l'importance de la gratitude. Elles sont prisonnières des drames qu'elles ont connus, bloquées dans une sorte d'impasse faite d'amertume, de tristesse, de colère et de ressentiment, de frustration, de jalousie et de souffrance. Toutes ces puissantes émotions empêchent d'autres ressentis.

La bonne nouvelle, c'est qu'il existe des moyens de sortir de cette impasse et, petit à petit, de pouvoir ressentir et exprimer de la gratitude et, par là, de bénéficier de tous les aspects positifs de ce chemin vers la gratitude.

Depuis des siècles, de grands sages avaient découvert ce moyen et, aujourd'hui, des chercheurs en physiologie confirment ces anciennes connaissances intuitives.

Au-delà du bien et du mal

Le grand poète soufi, Jalad Ud Din Rumi écrivait :

« Au-delà du bien et du mal, il y a un champ. Je vous y rencontrerai ! »

Lorsqu'on a souffert, lorsqu'on a été en contact avec l'injustice, le deuil, l'oppression sous toutes ses formes, on a tendance à classer les gens et les événements sous les étiquettes « bons », « mauvais », « méchants », « justes », « injustes », « malveillants », « bienveillants », « amis », « ennemis », « favorables », « défavorables ». De cette manière, les gens et les événements sont immobilisés dans des catégories que notre mental a créé. Rien ne bouge plus, nous nous persuadons d'avoir raison. Répétant notre histoire tragique, nous apprécions tous ceux qui acceptent notre vision de la vie et qui s'accordent avec nos catégories. Ils nous confortent dans nos jugements et, ainsi, chacun reste sur ses positions.

Cela peut durer jusqu'à la mort, l'énergie est mise au service de la haine ou de l'amertume. Impossible alors d'envisager la gratitude ! Pourtant il existe une autre voie qui est celle de la **bénédiction**.

L'auteur Gregg Braden, considéré comme un expert du rapprochement entre la sagesse ancienne, les sciences modernes et la médecine, postule que la pratique de l'art de la bénédiction peut modifier complètement la qualité de la vie et, spécialement, lorsqu'on rencontre de grands obstacles à surmonter.

Dans cette vision de la bénédiction, il ne s'agit pas d'approuver ni de pardonner ni d'encourager ou de décourager une personne ou une circonstance, mais de « reconnaître » ce qui a eu lieu. Reconnaître sans poser de jugement, c'est ce qui va permettre un mouvement, une ouverture possible vers autre chose, peut-être vers la guérison émotionnelle. Au lieu de tenter de cacher les émotions pénibles, qui se manifesteront à nouveau aux moments les plus inattendus et qui participent à créer une « chimie négative » dans l'organisme, il existe un autre moyen de vivre cela grâce à la bénédiction.

Qu'est-ce que la bénédiction ?

La définition qu'en donne Gregg Braden est la suivante :

> *« C'est une qualité de pensée, de sentiment, d'émotion qui nous permet de redéfinir notre perception de quelque chose qui nous blesse en ce moment ou qui nous a blessé dans le passé ! »*[18]

[18] Gregg Braden, *Secrets de l'art perdu de la prière – Le pouvoir caché de la beauté, de la bénédiction, de la sagesse et de la souffrance*, Varennes (Québec), Éd. AdA Inc., 2008, p. 100-101.

La bénédiction fonctionne comme de l'huile dans les rouages des émotions douloureuses, elle permet l'ouverture vers autre chose plutôt que de rester prisonnier de telles émotions néfastes. Cette bénédiction s'adresse à tous les aspects de la situation douloureuse : à ceux qui souffrent, à la cause de la souffrance et à ceux qui sont témoins de ce qui a lieu.

Pour des esprits cartésiens comme les nôtres, il est très difficile d'accepter cette idée de bénédiction :

> « *Mais on m'a fait du mal, parfois beaucoup de mal, la réaction la plus normale est de haïr les auteurs de ces souffrances, comment pourrais-je les bénir, c'est totalement inapproprié !* »

C'est qu'il faut bien comprendre l'idée et l'acte de la bénédiction : lorsque nous bénissons quelqu'un qui nous a blessés, nous ne sommes pas en train de dire que ce qui a lieu est positif, nous ne sommes pas en train de pardonner ni d'excuser ou d'approuver quoi que ce soit. Simplement, par la bénédiction nous reconnaissons que ces événements ont eu lieu et, grâce à cette nouvelle manière de considérer la personne ou l'événement, les émotions peuvent se modifier. La bénédiction permet alors de se libérer petit à petit des souffrances les plus importantes de la vie et de se transformer, sans avoir à chercher ou à revisiter les causes de la souffrance.

La première fois qu'on entre en contact avec le concept de bénédiction, il y a comme un choc culturel. On se dit : « Jamais, je ne serai capable de faire cela ! » Puis un jour, on a envie d'essayer et là, c'est incroyable ! On est conquis par le résultat. Comme notre cerveau n'est pas capable de juger, haïr et bénir en même temps, la bénédiction suspend temporairement la souffrance et le bienfait obtenu par cet espace sans souffrance nous engage à continuer de bénir.

Chacun peut tenter l'aventure. Il n'y a qu'une condition et Gregg Braden la pose ainsi :

> « *Suis-je prêt à dépasser une réaction* viscérale *ou une ancienne croyance qui me dit que quelqu'un doit payer ou que* je dois me venger pour réparer le mal *?* »

Lorsqu'on répond « oui », il devient possible d'avoir accès à cette ancienne clé présente aussi bien dans les Évangiles :

> « *Bénissez ceux qui vous maudissent et priez pour ceux qui se servent de vous.* »
>
> Luc 6:28
>
> « *Bénissez ceux qui vous persécutent ; bénissez-les et ne les maudissez pas.* »
>
> Romains 12:14

que dans les textes retrouvés à Nag Hammadi, comme l'Évangile apocryphe de Thomas qui prône l'habileté de ne pas juger. Ces paroles qui se retrouvent sous d'autres formes dans d'autres traditions sont bien connues et pourtant si difficiles à mettre en pratique.

Pratiquer la bénédiction

Il y a donc trois types de circonstances, de personnes ou de groupes de personnes à bénir :

- ceux qui souffrent,
- ce qui cause la souffrance,
- ceux qui sont témoins de la souffrance.

Bénir ceux qui souffrent

Ils sont dans la détresse, le deuil, ils subissent l'injustice, ils sont malades, blessés, mourants. On peut aussi se bénir soi-même lorsqu'on est dans une pareille situation, au lieu de s'en vouloir, de culpabiliser ou de haïr.

Bénir ce qui cause la souffrance

Voilà l'aspect le plus difficile !

Quelque chose au fond de nous résiste fortement à cette proposition, car elle est tellement contraire à notre programmation. Pourtant, quand il devient possible de bénir les gens ou les éléments qui nous blessent, il se produit une sorte de conversion intérieure. Dès l'instant où quelqu'un qui a souffert dans son histoire de vie peut dire : « Je bénis cette ou ces personnes », il s'élève au-dessus des notions du bien et du mal, il accepte que « cela » ait eu lieu et il entre dans une extraordinaire zone de liberté intérieure.

Le psychologue et théologien Anthony de Mello décrivait le bonheur comme étant la liberté intérieure. La bénédiction de ceux qui nous ont fait du mal libère intérieurement.

L'une des caractéristiques de la bénédiction, c'est que, lorsqu'on a pu la pratiquer, on ne retourne pas en arrière. C'est parfois un long combat, il faut parfois des mois ou des années pour arriver à sortir des vieux schémas, des argumentations mentales, des raisonnements « rationnels » et pour accepter de pratiquer la bénédiction. Mais le résultat en vaut largement la peine !

Bénir ceux qui sont témoins de la souffrance

Ceux qui voient la souffrance des autres, qui questionnent le sens de tout cela, qui n'arrivent pas à comprendre et à accepter ont aussi besoin d'être bénis.

Beaucoup « butent » sur le sens de la souffrance. Pourquoi tous ces drames, toutes ces catastrophes, toutes ces guerres, ces tortures et ces ruptures ? Incapables de donner du sens à tout cela, ils questionnent l'existence d'un Dieu et le sens de l'histoire. Ils sont comme ce vieil homme qui, voyant un enfant mort de faim, levait le poing vers le ciel en criant : « Toi, Dieu, tu ne fais rien ? » et la réponse qu'il entendit est la même pour nous : « Comment, je ne fais rien, je t'ai fait, toi ! »

Bénir quelqu'un, c'est lui offrir librement, gratuitement, le cadeau de la bénédiction. Gregg Braden propose de se tenir dans un endroit où l'on est seul et de dire à haute voix :

> « Je bénis… *(placez ici le nom de celui qui souffre ou qui a souffert).* »
>
> « Je bénis… *(placez ici le ou les noms de ceux ou de ce qui a infligé la souffrance, en étant le plus spécifique possible).* »
>
> « Je bénis ceux qui sont témoins de la souffrance. *(Je me bénis lorsque je suis témoin de la souffrance.)* »[19]

Il est parfois nécessaire de répéter la bénédiction, d'être pleinement présent à ce que l'on fait. Il ne s'agit pas d'une formule creuse. C'est la source d'une vraie transformation intérieure.

Lorsqu'on a pratiqué la bénédiction pendant un certain temps, on a appris à bénir mentalement dans de nombreuses circonstances de la vie.

Un ami qui s'excitait beaucoup au volant contre tous les vrais chauffards et ceux

---

[19] Gregg Braden, *Secrets de l'art perdu de la prière*, éd. citée, p. 115.

potentiels qu'il rencontrait, a décidé de les bénir au lieu de leur faire des « gestes variés » exprimant sa colère. Quelque chose de surprenant s'est produit, il est devenu beaucoup plus calme et d'humeur égale. Sa famille et ses collègues ne savent pas à quoi attribuer cette transformation.

De la bénédiction à la gratitude

Pratiquer la bénédiction au lieu de haïr ou de rester « coincé » dans une position de vie où l'on pense que les autres ont tort, où l'on croit avoir raison ou encore que rien n'a de sens et que l'univers est absurde, produit la liberté intérieure, un sentiment de bien-être et c'est dans ce terreau-là que germe la gratitude.

Pouvoir dépasser les vieilles logiques millénaires de « œil pour œil » et « dent pour dent » pour aller vers la pratique révolutionnaire de la bénédiction, c'est vivre une métanoïa[20], une ouverture à quelque chose de totalement inattendu. C'est prendre conscience du privilège d'exister et de pouvoir se transformer et transformer le monde qui nous entoure, pouvoir enfin ressentir, vivre et exprimer la gratitude et recevoir tous les bienfaits qu'elle engendre.

[20] Mot que l'on peut traduire par pénitence, repentance.

Gratitude pour la nature

VIII. Le questionnaire de gratitude[21]

En utilisant l'échelle ci-dessous, écrivez un chiffre à côté de chaque phrase pour indiquer à quel point vous êtes d'accord avec celle-ci.

1. Je ne suis pas du tout d'accord.
2. Je ne suis pas d'accord.
3. Je ne suis pas tout à fait d'accord.
4. Je suis neutre, sans avis précis.
5. Je suis partiellement d'accord.
6. Je suis d'accord.
7. Je suis profondément d'accord.

J'ai tant de raisons d'être reconnaissant dans ma vie.

1 – 2 – 3 – 4 – 5 – 6 – 7

Si je faisais une liste de tout ce pour quoi je suis reconnaissant, ce serait une très longue liste.

1 – 2 – 3 – 4 – 5 – 6 – 7

---

[21] Questionnaire créé par Robert Emmons et Mike McCullough, revu par Deborah Norville dans *Thank you Power*, éd. citée, p. 152.

Quand je considère le monde, je vois tellement de raisons d'être reconnaissant.

1 – 2 – 3 – 4 – 5 – 6 – 7

Je suis reconnaissant envers une grande variété de personnes.

1 – 2 – 3 – 4 – 5 – 6 – 7

Plus j'avance en âge, plus j'éprouve de gratitude envers les personnes, les événements et les situations qui ont été présentes dans mon histoire.

1 – 2 – 3 – 4 – 5 – 6 – 7

Il m'arrive très souvent dans une journée d'éprouver de la reconnaissance envers quelqu'un ou quelque chose.

1 – 2 – 3 – 4 – 5 – 6 – 7

Puis additionnez les points.

Résultats

Plus votre total de points est élevé, plus vous êtes dans la gratitude.

Au-dessus de 39 : Vous êtes intensément dans la gratitude.

Entre 25 et 38 : Vous êtes moyennement reconnaissant.

Entre 1 et 24 : Vous pourriez mettre un peu plus de gratitude dans votre vie.

Vivre la gratitude

En voyant tant d'aspects positifs liés à la gratitude, on peut envisager deux dangers :

- présenter la gratitude comme quelque chose de naturel et de facile ;
- insister trop sur le devoir de gratitude, sur l'aspect moralisateur.

En réalité, **la gratitude est intellectuellement exigeante** ! Elle requiert un élément peu développé dans notre société, à savoir la présence à l'instant, l'attention aux autres et aux événements.

La gratitude représente toujours un choix. Elle n'est pas liée aux conditions extérieures, elle représente une forme de réponse aux événements vécus.

On peut s'irriter, s'énerver, blâmer quelqu'un ou quelque chose, crier, être indifférent, se replier sur soi-même, voilà d'autres formes de réponse aux événements. Mais on a aussi la possibilité de choisir, si on le veut, la gratitude. Cela suppose la capacité de décider et de choisir consciemment cette attitude.

Henri Nouwen[22], théologien catholique et psychologue, écrivait :

[22] Henri J.M. Nouwen, *The Return of the Prodigal son – A Story of Homecoming*, New York, Doubleday Publishing Group, 1994.

« La gratitude comme discipline implique un choix conscient. Je peux choisir d'être reconnaissant même quand mes émotions et sentiments sont extrêmes, douloureux et amers. C'est étonnant de voir le nombre d'occasions où je peux choisir la gratitude au lieu de me plaindre. Je peux choisir d'être reconnaissant quand je suis critiqué, même si mon cœur réagit avec amertume (…). Je peux choisir d'écouter les voix qui pardonnent et de regarder les visages souriants, alors même que j'entends encore des paroles de vengeance et vois des grimaces de haine. »

Conclusion

Un livre sur la gratitude ne peut avoir de conclusion. Chaque être humain a tant à apprendre pour devenir un être de gratitude. Il s'agit surtout de l'apprentissage de la présence à l'instant, de la prise de conscience de tous les bienfaits qui sont là dans cet instant : de l'attention, de l'ouverture, la présence à l'événement et à ceux qui sont là, si proches et souvent si lointains dans nos priorités.

En guise de conclusion, nous voudrions vous raconter une histoire vraie sur l'extraordinaire pouvoir de la gratitude :

> Jane était la maman d'un petit garçon de 4 ans, Timmy. Elle était enceinte d'une petite fille qui allait naître très bientôt. Jane avait préparé Timmy à la venue de sa petite sœur. Elle lui avait fait sentir les mouvements du bébé et lui avait enseigné une petite chanson qu'il chantait à sa sœur lorsqu'il se blottissait contre sa mère.
>
> « Tu es mon soleil
> Mon seul soleil
> Tu me rends heureuse »
> *(« You are my sunshine*
> *My only sunshine*
> *You make me happy »)*

Timmy chantait avec tout son cœur, il était si plein de joie à l'idée de la naissance de ce petit bébé. Malheureusement, l'accouchement ne se passa pas bien. Le bébé souffrait, la naissance fut difficile. Le bébé était entre la vie et la mort. Lorsque les médecins dirent aux parents qu'il n'y avait pas beaucoup d'espoir, Jane voulut que Timmy voie sa petite sœur. Contre l'avis des puéricultrices, elle habilla Timmy d'une grande blouse verte et l'amena près de la couveuse où se trouvait sa petite sœur. Jane pleurait mais Timmy, tellement heureux et reconnaissant, se mit à chanter à tue-tête :

« *You are my sunshine*, tu es mon soleil ! »

Quelque chose d'incroyable se produisit. La petite sœur fut parcourue d'une vague d'énergie, elle se mit à crier comme pour se joindre au chant, ses signes vitaux prirent de l'ampleur et ils devinrent réguliers : elle survécut. Quelques jours plus tard, elle rentrait à la maison.

Manifestement, la gratitude ouvre à la vie !

Annexe
Le simple art de bénir[23]

par Pierre Pradervand

Au réveil, bénissez votre journée, car elle déborde déjà d'une abondance de biens que vos bénédictions font apparaître. Car bénir signifie reconnaître le bien infini qui fait partie intégrante de la trame même de l'univers. Il n'attend qu'un signe de nous pour se manifester.

En croisant les gens dans la rue, dans le bus, sur votre lieu de travail, bénissez-les tous. La paix de votre bénédiction sera la compagne de leur chemin, et l'aura de son discret parfum une lumière sur leur route. Bénissez ceux que vous rencontrez dans leur santé, dans leur travail, leur joie, leur relation au divin, à eux-mêmes et aux autres. Bénissez-les dans leur abondance et dans leurs finances. Bénissez-les de toutes les façons concevables, car de telles bénédictions ne sèment pas seulement les semences de la guérison mais, un jour, jailliront comme autant de fleurs de joie dans les espaces arides de votre propre vie.

---

[23] Extrait de *Vivre sa spiritualité au quotidien*, de Pierre Pradervand, Genève, Éditions Jouvence, 2007 (nvelle éd.).

En vous promenant, bénissez votre village ou votre cité, ceux qui la gouvernent et ses enseignants, ses infirmières et ses balayeurs, ses prêtres et ses prostituées. À l'instant même où quelqu'un exprime la moindre agressivité, colère ou manque de bonté à votre égard, répondez avec une bénédiction silencieuse. Bénissez-les totalement, sincèrement, joyeusement, car de telles bénédictions sont un bouclier qui les protège de l'ignorance de leurs méfaits et détourne la flèche qui vous est adressée.

Bénir signifie désirer et vouloir inconditionnellement, totalement et sans réserve aucune le bien illimité – pour les autres et les événements de la vie – en puisant aux sources les plus profondes et les plus intimes de votre être. Cela signifie révérer et considérer avec un émerveillement total ce qui est toujours un don du Créateur – et cela quelles que soient les apparences. Celui qui est porté par votre bénédiction est mis à part, consacré, entier. Bénir signifie invoquer la protection divine sur quelqu'un ou quelque chose, penser avec une reconnaissance profonde à elle, l'évoquer avec gratitude. Cela signifie encore appeler le bonheur sur quelqu'un – encore que nous ne soyons jamais la source de la bénédiction, mais simplement le témoin joyeux de l'abondance de la vie.

Bénir tout et tous, sans discrimination aucune, constitue la forme ultime du don, car ceux que vous bénissez ne sauront jamais d'où vient ce rayon de soleil qui, soudain, perça les nuages de leur ciel, et vous serez rarement témoins de cette lumière dans leur vie.

Quand, dans votre journée, quelque événement inattendu vous bouleverse vous autant que vos plans, éclatez en bénédictions, car la vie est en train de vous apprendre une leçon, même si sa coupe peut vous sembler amère. Car cet événement que vous pensez être si indésirable, vous l'avez en fait suscité, afin d'apprendre la leçon qui vous échapperait si vous hésitiez à le bénir. Les épreuves sont des bénédictions cachées, et des cohortes d'anges suivent leurs traces.

Bénir signifie reconnaître une beauté omniprésente cachée aux yeux matériels. C'est activer la loi universelle de l'attraction qui, du fond de l'univers, amènera dans votre vie exactement ce dont vous avez besoin dans le moment présent pour grandir, progresser et remplir la coupe de votre joie.

Quand vous passez devant une prison, bénissez ses habitants dans leur innocence et leur liberté, leur bonté, la pureté de leur essence et leur pardon inconditionnel. Car on ne peut qu'être prisonnier de l'image qu'on a de soi-même, et un homme libre peut marcher sans chaînes dans la cour d'une prison, tout comme les citoyens d'un pays libre peuvent être prisonniers quand la peur se tapit dans leur pensée.

Quand vous passez devant un hôpital, bénissez ses patients dans la plénitude de leur santé, car même dans leur souffrance et leur maladie, cette plénitude attend simplement d'être découverte. Et quand vous voyez une personne en pleurs ou apparemment brisée par la vie, bénissez-la dans sa vitalité et sa joie, car les sens ne présentent que l'inverse de la splendeur et de la perfection ultimes que seul l'œil intérieur peut percevoir.

Il est impossible de bénir et de juger en même temps. Alors, maintenez en vous ce désir de bénir comme une incessante résonance intérieure et comme une perpétuelle prière silencieuse, car ainsi vous serez de ceux qui procurent la paix et, un jour, vous découvrirez partout la face même de Dieu.

P.-S. : Et par-dessus tout, n'oubliez pas de bénir cette personne merveilleuse, totalement belle dans sa vraie nature et si digne d'amour, que vous êtes.

Bibliographie

Atkinson M., McCraty R., Rein G., Tiller W.A., Watkins A.D., « The Effects of Emotions on Short-Term Power Spectrum Analysis of Heart Rate Variability », *American Journal of Cardiology*, n° 76, 1995.

Basset Lytta, Carrillo Francine, Schell Suzanne, *Traces vives – Paroles liturgiques pour aujourd'hui*, Genève, Labor et Fides, 2006.

Ben-Sahar Tal, *L'apprentissage du bonheur – Principes, préceptes et rituels pour être heureux*, Paris, Belfond, 2008.

Bobin Christian, *La présence pure et autres textes*, Cognac, Le Temps qu'il fait, 1999.

Bonhoeffer Dietrich, *The Way to Freedom*, New York, Harper and Row, 1966.

Braden Gregg, *Secrets de l'art perdu de la prière – Le pouvoir caché de la beauté, de la bénédiction, de la sagesse et de la souffrance*, Varennes (Québec), Éd. AdA Inc., 2008.

Chokron Sylvie, *Pourquoi et comment fait-on attention ?*, Paris, Éditions Le Pommier, 2009.

Emmons Robert, *Merci ! – Quand la gratitude change nos vies*, Paris, Belfond, 2008.

Hay Louise L., *Gratitude – A Way of Life*, New Delhi, Hay House India, 1996.

Norville Deborah, *Thank you Power – Making the Science of Gratitude Work for You*, Nashville, Thomas Nelson ed., 2007.

Pradervand Pierre, *Vivre sa spiritualité au quotidien*, Genève, Éditions Jouvence, 2007 (nvelle éd.).

Seligman Martin, *Authentic Happiness – Using the new positive psychology to realize your potential for lasting fulfillment*, Free Press, 2002.

Simmel Georg, *La parure et autres essais*, Paris, Maison des Sciences de l'Homme, 1998.

Nouwen Henri J.M. , *The Return of the Prodigal son – A Story of Homecoming,* New York, Doubleday Publishing Group, 1994.

Ryan M.J., *Giving Thanks – The Gifts of gratitude*, San Francisco, Conari Press, 2007.

Achevé d'imprimer sur rotative
par l'imprimerie Darantiere à Dijon-Quetigny
en octobre 2009

Dépôt légal : novembre 2009
N° d'impression : 29-1476

Imprimé en France

Dans le cadre de sa politique de développement durable, l'imprimerie Darantiere a été référencée IMPRIM'VERT® par son organisme consulaire de tutelle. Cette marque garantit que l'imprimeur respecte un cycle complet de récupération et de traçabilité de l'ensemble de ses déchets.